I0548954

JUAN MIGUEL LUNA

EN MIS MANOS, UNA ROSA

SALTOAL**REVERSO**

EN MIS MANOS, UNA ROSA
© Juan Miguel Luna (†)
Ciudad de México, México, 2022

SALTO AL REVERSO

De esta edición:
Editorial Salto al reverso, 2022
editorialsaltoalreverso.com

Primera edición: mayo de 2022

Diseño de portada: Marcelo Pinto
Diseño de colección: Fiesky Rivas

PRÓLOGO

Para un grupo variado de personas, la poesía es mucho más que un simple género literario, más que versos, prosa, figuras retóricas, metáforas, rimas. Para ellos, los poetas, es un refugio, es un aliciente, un antídoto, es el medio más cercano que tienen sus corazones para comunicar aquello que sienten.

Siendo muy joven aún, Juan Miguel Luna fue diagnosticado con una enfermedad autoinmune (esclerosis múltiple) y los versos amorosos que por su pluma corrían dejaron de ser recurrentes. Bien dice su hija Gabriela —autora intelectual de este homenaje para compilar y publicar este poemario— que sus poemas comenzaron a ser más sombríos, pero también menos frecuentes.

Para Juan Miguel, o Queco, como le decían en casa, la poesía fue todo esto y más. Los amores de la juventud —y también los desamores— la admiración a lo que Rosario Castellanos llamaría «eterno femenino», la nostalgia, la incertidumbre, la angustia por la muerte, son algunos de los temas cotidianos que Juan Miguel desarrolló como poeta autodidacta, como hombre de letras nato, que escribía en sus ratos libres y cuando la inspiración se hacía presente. Por ejemplo, de regreso de Atoyac, un pueblo jalisciense en donde conoció a

Rosa María, la mujer que inspiró la vasta mayoría de sus poemas de amor y con quién decidió hacer vida.

En mis manos, una rosa es producto de una cuidadosa selección de parte de Gabriela, su hija, y del trabajo de revisión de Editorial Salto al reverso de los poemas de Juan Miguel, que se encontraban en hojas sueltas, cuadernos de hojas rayadas y cuadriculadas y cartas que dejó al morir. El sinfín de notas y borradores poéticos que Juan Miguel dejó en estos cuadernos denotan una gran sensibilidad poética y son también una prueba tangible de la dedicación y cuidado que un hombre como él, cuya profesión no estaba relacionada con las letras, imprimía a sus poesías, a estos espacios de refugio que lo ayudaban a sanar un poco, y a sobrellevar la enfermedad que se fue manifestando progresivamente en su vida, en sus manos y, finalmente, en sus letras.

Fuensanta Cué
Marzo de 2022

PREFACIO

El presente poemario fue escrito por mi padre, Juan Miguel Luna, o como le decíamos de cariño, Queco. La mayoría de estos poemas son de amor y fueron dedicados a algunas novias que tuvo; sin embargo, la mayoría de ellos están dedicados a mi madre.

Juan Miguel, mi padre, fue el segundo de cinco hijos de mi abuela, producto de una relación esporádica que tuvo con un señor mucho mayor que ella y del cual mi papá no supo casi nada durante su vida. Estudió hasta la preparatoria y creo que, incluso, no la concluyó; y no por falta de interés o de entusiasmo, sino por la situación violenta que vivía en su casa y que lo obligó a buscar trabajo para apoyar a su familia y lograr independizarse. Así, entro a trabajar al Instituto Mexicano del Seguro Social (IMSS), donde su primer puesto fue de intendente. Con el paso de los años, fue creciendo por su dedicación al trabajo y sus ganas de superarse, hasta que logró ingresar al área farmacéutica.

Yo recuerdo que mi papá «admiraba» mucho a las mujeres; podría decirse que fue muy mujeriego, aunque supongo que lo fue más durante su juventud y estando soltero; es probable que muchas de esas mujeres inspirarán algunos de estos poemas. Sin embargo, hubo una mujer muy especial para él, que inspiró la mayoría de estos poemas: mi madre.

Ella es originaria de Jalisco, vivía en un pueblo muy pequeño llamado Atoyac, cuya principal actividad mercantil es la fabricación de cintos (cinturones), pese a que la gran mayoría de las personas allí busca emigrar a Estados Unidos para tener una «vida mejor». Mi padre visitaba a su tía, hermana de mi abuela, quien se fue a vivir a Atoyac y cuya casa estaba frente de la casa de mi mamá; así fue como se conocieron. Ambos me contaron que se gustaron mutuamente y poco a poco fueron teniendo mayor convivencia o, a menos, lo que mi abuelo permitía en ese entonces, ya que, en la familia de mi mamá, al ser tan católica, se imponían varias restricciones a las mujeres. Además de dedicarse a las labores del hogar, mi madre tenía completamente prohibido llegar a su casa después de las ocho de la noche y, si quería tener novio, debía de ser con las reglas y consentimiento de su padre.

La relación de mis padres se basó, principalmente, en cartas y muy pocas llamadas telefónicas, ya que en esos años no había teléfonos en las casas de Atoyac y la gente usaba la única caseta telefónica del pueblo. Mi papá enamoró a mi madre con sus poemas y cartas, por lo que ambos se crearon una relación imaginaria con sus propias expectativas, sin conocerse verdaderamente. Además, mi mamá era nueve años más joven que él, lo que quizás fue un factor importante por el cual mi papá pudo conquistarla con facilidad, ya que ella era muy ingenua y vivía bajo muchas restricciones en casa.

Después de un tiempo de tener una relación a distancia, mi papá le propuso matrimonio a mi mamá, pero al momento de pedir su mano, mi abuelo le puso una condición: si de verdad estaba tan interesado en casarse con ella, debían durar un año más de novios. Así lo cumplieron y, finalmente, se casaron.

Mi abuelo no estaba muy convencido, no le caía bien mi papá, no le daba buena espina e incluso, antes de la boda, le ofreció a mi mamá llevarla a la frontera para que se fuera a Estados Unidos con sus hermanos. Mi mamá se rehusó, no sé si por amor a mi padre o por rebelarse a mi abuelo y salir de casa, es decir, «independizarse» de él.

Otra razón de mi abuelo para que su hija no se casara era que a mi papá, en sus últimas visitas a Atoyac antes de la boda, se le veía enfermo. En la familia comentan que de pronto no tenía fuerza y se iba de lado al caminar.

Una vez casados, mis papás se fueron a vivir al Estado de México, en un lugar que era más como una vecindad. Mi mamá pasaba todo el día sola y se embarazó muy rápido; tuvo que pasar su embarazo en un lugar peligroso y sola. Durante esa época, la salud de mi papá empeoró y, tras varios estudios, llegó el diagnóstico final: esclerosis múltiple.

Cuando recibieron esta noticia, mi mamá tenía solo 22 años y mi papá, 30. Aún no sé cómo lograron salir adelante, con todo y su nueva hija. Esta noticia, aunada a toda la situación de inseguridad que vivían en un lugar como el Estado de México, propició un ambiente de bastante violencia familiar, en el cual yo crecí. Antes de que yo naciera, y conforme pasaron los años, mi papá se fue sintiendo cada vez peor. Llegó un momento en el que ya no pudo trabajar más, por lo que mi mamá tuvo que ser el principal sustento de la familia; yo tenía apenas seis años.

Una vez que le detectaron la enfermedad, mi papá dejó de escribir como lo hacía antes de enfermar; sus poemas ya eran más ocasionales y no tan dedicados como los que solía escribir. Además, ya no todos trataban de amor, varios hablaban de depresión.

La esclerosis múltiple de mi papá no fue tan agresiva como en otras personas, y vivió con esta enfermedad casi 27 años. En sus últimos años, cuando ya la enfermedad estaba bastante avanzada, dejó de caminar, de hablar e incluso de ingerir alimentos; para mí era sumamente difícil verlo así, sin entender qué esperaba Dios para llevárselo. Mi padre falleció en 2014.

Yo no conocí este lado de mi padre, me refiero al hombre joven, sano, enamorado y con mucha motivación y pasión que escribió estos poemas. Sin embargo, yo conocí a un hombre que le echaba muchas ganas a la vida, pero que siempre vivía enojado, frustrado y solía ser violento.

Por ello, ha sido difícil poder conectar con estos poemas, pero al mismo tiempo pienso que se trata de la versión de mi papá que nunca pude conocer y que, como su hija, necesitaba. Por otro lado, me alegra saber que mi padre, antes de su enfermedad, vivió intensamente y plasmó toda esa pasión en estos poemas, los cuales van a perdurar por siempre gracias a este poemario, que representa todas las emociones buenas y las grandes pasiones de mi padre.

Gabriela Tamara Luna
Febrero de 2022

UNA FLOR

Darte una flor
no es un acto ritual
ni un ejercicio para
fortalecer el espíritu.

No es tampoco una actitud
para eclipsar tu mirada.

Es una manera de empezar,
tomarte desprevenida,
en un punto muerto,
y ver de qué manera sonríes.

POSESIÓN

Tuyo es mi amor, mi tiempo sin prisa,
el lugar que ocupo en el espacio,
la luz que ilumina mi sendero.

Tuyo, el más alto de mis vuelos,
mi más hondo precipicio,
el despertar de mis dormidos celos,
mi amor callado, mi suplicio.

El aire que respiro,
la culpa de mis desvelos,
el nombre que repito con demencia,
mi valor y timidez,
mi locura y sensatez.

El deseo más escondido,
el opio de mis sueños,
la espina punzante que bendigo,
el motivo de mis penas,
mi aliento, mi esencia,
por completo mi existencia.

La herida que surca aquí,
en mi pecho.

Tuyas, todas las caricias
que quepan en mis manos,
la hiel y la miel que hay en mi vida;
todo cuanto en mi ser se encuentra:
triunfo y fracaso, luz y obscuridad,
bonanza y pobreza, acierto y torpeza.

Mi pasado, olvidado
por este cariño presente,
mi esperanza en el futuro,
el momento más sublime de mi vida.

El constante evocar que, sin reproches,
conforma la razón de mi esperanza:
el paciente esperar de tu llegada.

El deseo de oírte decir en un murmullo
un «te quiero», apasionada.

HADA

En mis sueños eres un hada
que danza entre nubes
con un vestido vaporoso
y zapatillas de cristal.

Más tarde,
desde el quicio de mi puerta te veo pasar,
con tus zapatos de tela
y tu lindo delantal.

Es entonces cuando te amo,
cuando miro que eres real.

PASEO

Trepar cumbres por tus senos
cual montañas de cimas coronadas,
posar la mirada en ellos
y hacer de ellos su morada.

Bajar valles por tu vientre,
tierra virgen, tierra ardiente,
tierra que nunca ha sido pisada.

Pasar de tu cintura a tu cadera,
por la curva más bella de tu cuerpo,
tan perfecta, tan bien trazada,
tan exquisitamente dibujada.

Encontrarme de pronto en un abismo
de sedosa negrura tapizado,
y, en medio de ese acantilado,
encontrarme perdido y agotado.

Saciar mi sed de placeres
en el oasis de tu boca de grana,
hacer turismo en tu cuerpo
bajo el ardiente sol de tu mirada.

GOTA

Gota de amor,
¿en qué momento de mi vida te vertiste?,
¿de qué mágico elixir te valiste
para robarme a pedazos, uno a uno,
por completo, el corazón?

ESTA VEZ

Esta vez, cariño,
no te quiero hablar de malestares
ni te diré tampoco que volviste a lastimar mi orgullo.
No me verás llorando por ti
ni buscaré que vengas conmovida a consolarme.

No voy a chantajear más tu sentimiento
para que me otorgues la razón;
hoy voy a cambiar mi pensamiento
anteponiendo mi orgullo a la razón.

Hoy diré que fue mi culpa
y comprenderé si estoy equivocado;
no buscaré atenuante ni disculpa
y repararé todo el mal que haya hecho.

Pondré una luz de humildad
en la densa oscuridad de mi arrogancia;
trocaré por vehemencia mi maldad
como quien cambia hedor por fragancia.

Perdonaré de antemano a quien me ofenda
sin guardar sentimientos de rencor;
no buscaré cobrar las afrentas
y sanaré mi herida con amor.

Hoy renovaré mi esperanza con la fe
que tu sola palabra me inspira;
tu sola palabra alcanza
para disipar la duda y calmar mi ira.

Sé que el tiempo me dirá
que todo mi esfuerzo merecías,
y con hechos comprobarás
que no eran solo palabras
que bellamente me decías.

No más dudas, no más pruebas
de ese amor que profano con torpeza,
y serán palabras nuevas
sin dudar más de tu entereza.

Desde hoy preparo mi camino;
llevará mi intención de que,
si no es una dicha plena,
por fuerza será por mi parte
confiada y llevando un destino
que te ofrezco limpio y sereno.

SENTIR

Mudo mi amor ante tu imagen muda,
solo acierta a mirarte de soslayo.
Muy a mi pesar, mi mente te desnuda
e invita a mi respeto a su desmayo.

ESTÁS

Estás en mí,
en el centro mismo de mi existencia.
En perfecto equilibrio
ocupas mi sentir,
pero desequilibras mi razón
que siempre permites imponerse,
pero ¡ay!,
estás en el centro mismo de mi existencia.

PREGUNTA

¿Qué harán mis ojos
cuando el adiós me robe tu presencia?

¿Cómo decirle a mis manos
que ya no pueden alcanzarte más?

Sin que tú lo percibas,
quedará junto a ti
parte de mi existencia,
que surgirá al momento
en que me quieras recordar.

TE QUIERO

Te quiero hasta la idolatría,
con idiosincrasia,
con fidelidad perruna y terquedad asnal,
como mandato divino,
con ansiedad de loco.

¡Te quiero porque te quiero!
Porque me da la gana,
porque existes y te conocí.

Porque no somos afines
y me va bien tu cariño,
porque te adoro en tu risa
y te amo en tus silencios.

Porque eres así,
por esa gama de cosas
que liberan mis sentidos,
porque me eres especial.

Te quiero porque sí,
así sencilla, llanamente,
porque me place quererte,
porque nada me lo impide
porque nadie impedirlo podría.

Te quiero porque te quiero,
porque me viene de tu alma,
TE QUIERO, TE QUIERO.

ROSA MA.

Rasga tu recuerdo mis calladas soledades,
ocultas entre dudas mal fundadas.
Sacié mi soñar en falsedades.
Añoran hoy mis ojos tus miradas.

Mujer, tu voz, tu imagen y tu nobleza
amor despertaron en mi vida;
robaste el corazón que, envuelto en tristeza,
imaginó su razón causa perdida.
Ahora, sin embargo, eres mi cruz,
mi pasión encendida.

A TI, ROSA

Tú optimizaste mi vida,
alentaste mi vivir,
me hiciste pensar
que más de una estrella
cabe en mi mano.

ROSA

Quiero que sepas que te amo
desde aquí,
desde el hermetismo de mi obligado silencio,
con la callada resignación de un poeta
enamorado de una estrella,
con la distancia que imponen los hechos,
pero… TE AMO.

Te amo, así con pausa,
con calma y cuidado,
pero siempre con prosperidad.

Con la plena conciencia
de que este amor será eterno,
con el conocimiento de que
el amor es lo único,
lo que el tiempo no borra
y la tierra no cobija.

SIEMBRA

Alcé la mirada al cielo,
rogando que tu amor me concediera,
mas solo hallé mil nubes como un velo
tras la cual la razón se me escondiera.

Soñé esa noche que una voz me respondía,
una mano gentil y bondadosa,
que amorosa su consejo me ofrecía.

Diciéndome: Desiste de tu intención vanidosa,
no ensombrezcas más tu alma sombría,
hay mil cosas ajenas a tu vida,
tu afán es vano.

Está tu vida en fracasos y lamentos tan sumida,
nada tienes; ¿qué valioso tu ser ofrece?

Es tu razón causa perdida;
¿qué ofreces a su naciente aurora?,
¿qué le das a su inocente gracia soñadora.

Todo en ti parece muerto;
tu semblante de rencores va cubierto,
tu mañana vacilante, tu fortuna incierta.
No basta un corazón amante
cuando se tiene el alma muerta.

No eres tú más que tú, solo eres lo que eres;
tú que siempre el olvido prefieres,
¿cómo es que osas mirarte en ella,
la cual he formado con el brillo de una estrella

La frescura de una flor inmaculada
he plasmado en la paz de su mirada:
duce, tierna y amable,
digna flor adorable.

Con cadencia alguna que semeja poesía,
boca que luz cierra cada vez que se sonríe.
Es tu afán todo un fracaso,
nunca el sol sale en el ocaso.

Nunca la luna podrá reflejarse en el lodo,
la miel nunca será para las moscas,
para amarla nunca tendrás modo,
su boca es manjar que siempre desconocerás.

Ella tiene en su ser la frescura de una mañana,
y es su palabra la verdad que solo sabe ser sana;
nunca, por más que seas constante
y pongas a sus pies tu corazón amante.

No despiertes en su ser el sentimiento
que se vuelva rencor de insatisfacción,
No seas causa de su desaliento,
no colmes ese caudal de su paciencia.

Es tu surco solo brecha
que nunca será tierra sana;
no lo verás rendir cosecha
pues es en él la semilla solo fruta vana.

Por eso, baja de nuevo la cabeza
ya tu camino se ha marcado;
cúbrete de nuevo de tristeza
y regresa a tu historia del pasado.

¿QUÉ ES AMOR?

El amor ni se mendiga ni se regala,
se consigue con ardua lucha sin desmayo;
no se compra ni se exige
y se entrega solo en mutua correspondencia.

El amor es un amigo que aconseja
decir por las mañanas un «te quiero» y dar abrigo
en tus brazos al cuerpo que acompañas.

Estuche con belleza de cristal,
crisol en que se funden dos miradas,
guardián que separa todo mal
de la senda de dos almas encarnadas.

Es historia de dos cuerpos que se conjugan,
es la cima del placer de amar la gloria,
recuerdo que se guarda en la memoria.

En los pliegues de las pieles que se arrugan,
con añoranzas de vivencias borradas por los años,
cuesta arriba conquistadas
tras subir de mil peldaños.

Mensaje que se encuentra en la mirada,
en el roce de una mano, en la sonrisa espontánea

de la prenda amada,
cuya presencia delata su existencia;
sentir que no se sabe esconder,
paraje en que se encuentran dos miradas,
lenguaje sin palabras que solo sabe entender
el hombre entregado a la disciplina.

Es del corazón la medicina, locura de sabios,
manjar que se encuentra en unos labios,
vagabundo que se encuentra en el umbral
del tiempo que se fue,
en el alma del bohemio soñador que,
loco de alegría,
diera su amor a la niña que a sus sueños inspirara,
y entre versos y sonrisas madurara.

Es en fin este, el amor,
rocío que con sol se resecara,
barro que entre las manos se moldeara,
pasión que arderá con el dolor.

Mas cuándo lograsen sus almas
consumir este sentimiento,
cubrirlo del polvo del olvido,
sumirlo entre sombras,
la tristeza, aún de entre ellos surgiría
para mostrar orgulloso
su sentir y su pureza.

TROVA

Es mi verso trova enamorada,
reflejo de mi vivir bohemio,
que no ambiciona para sí más premio
que el beso espontáneo de mi prenda amada.

Ser el néctar que consiga
embriagar su corazón de sentimiento,
ser el amor que con afán persiga
y robarle eternamente el sentimiento.

Ser motivo de sus penas, razón de su alegría,
borrar la nota más triste de su melancolía.

Expresar quiere mi humilde poesía
el cariño sin par que yo le profeso,
la sublime adoración que ella me inspira,
espejo en el cual mi amor se mira,
altar al que ofrezco mi rezo.

Este sentir tan verdadero
no ha de cambiar, aunque yo muera,
pues lo encuentro de tal forma placentero
que, si buscando ese amor muriera,
aun la muerte ha de encontrarme
con la mirada fija… en una estrella.

CELOS

Siento en mi pecho de celos la daga,
mis dientes se crispan, mis ojos se encienden,
un brillo chispeante en torno a ellos vaga,
mis manos se empuñan, los celos me prenden.

Celos que son lecho sembrado de espinas,
hierro candente que surca una herida,
celos del bies de tu vestido,
que paso tras paso en tu piel se desliza.

Del sueño que habita tu mente indecisa,
robando en las noches tu paz, tu sonrisa;
ira que torna lava,
toda la sangre que fluye por mis venas,
al saber a tu almohada
confidente de tus penas.

Al pensar que es solo tu lecho
el que besa tus sienes y palpa tu pecho,
celos de la ropa que tus formas revela.

Y todo cuando te toque mi mente cela,
las flores que acercas a tus labios,
pagando con su aroma las primicias
de probar de tu boca las delicias.

Quisiera, bien mío, poder encerrarte
en nicho de oro, seda y diamante,
tener de tu cuerpo las primicias,
y que la vida solo desearas para amarme.

Celos de la estrella que acapara tu mirada,
de su brillo fascinante me consuela
el saberla de ti tan alejada,
y conforma mi sentir que cela,
al saber que de ella estás enamorada.

Celos de su luz que en tu piel anida,
torneando tu faz ensombrecida
en blanca consistencia de marfil.

Celos de la bruma que envuelve en su cortina
tu cuerpo descalzo que en la playa camina,
de la arena que tu pie acaricia,
del viento que silba burlando así mi celo,
al jugar caprichoso y placentero con tu pelo,
negra paloma que parece alzar el vuelo.

Celos del sol que se prende a tu cabello,
haciéndolo lucir aún más bello,
del carmín que tus labios enrojecen,
de la sonrisa que tu saludo ofrece.

Del pendiente que cuelga de tu oído,
que parece danzar enardecido,
con la magia de tu aroma cautivado,
y besar quiere tu cuello perfumado.

Celos que me queman como el fuego,
pues es tanto, niña, mi ego,
que celo a mi mente en su demencia.

Porque solo en su loca fantasía
he logrado hacerte mía,
y solo viviendo mi sueño
he podido ser tu dueño.

PERDÓNAME

Por intentar estar siempre en tu vida,
por querer conocerte a través de tus secretos
y querer escucharte en tus silencios,
y aun pretender ser más que tu sombra,
tu compañía.

Por querer estar en todos tus sentidos,
por no saber conformar ese sentido egoísta,
por llenar tanto de ti, mi vida,
por querer lo más de ti...
más de lo que tengo de mí mismo.

Por serme siempre lo más importante de la vida,
por mi vida misma regalarte,
perdóname por pedir de ti el todo de tu vida,
y aun lo poco que tu vida se reserva adjudicarme.

Por querer ser tu intimidad misma
con esta necesidad absolutista que tengo
y padezco de tu persona,
por querer hacerte exclusiva de mi persona
y conocer mis errores y no poder enmendarlos.

Por ser a veces tan absurdo como eminente,
por mi egoísta proceder, por mis enojos,
por mis ausencias y tu espera, por mil cosas más.

Por los trastornos que te ocasiono,
por mi actitud terca y necia que, aun cuando busco,
no existe manera ni razón para justificarla,
quisiera decir mil cosas a mi favor
que me librarán de culpa,
mas no las hay.

Por eso, solo te digo una cosa,
algo que brota desde el fondo de mi corazón:
perdóname.

DESEO FEBRIL (VIENTO)

Quiero ser tan ligero como el viento,
cruzar raudo el tiempo y la distancia,
ser tan veloz como mi pensamiento,
y tener en un momento tu presencia y tu fragancia.

Ser tan discreto cual tu sombra,
llegar a la intimidad de tu alcoba,
saber si tu boca me nombra,
si, sumida en la paz de tu sueño,
se escapa de tus labios un murmullo,
si es mi nombre en tu boca suave arrullo
que me haga sentir tu único dueño.

Quiero volverme luz para besarte dormida,
quiero que seas mi cruz,
el gran amor de mi vida.

Tu suave piel cual blanca arena
correr ligero, palpar sin pena,
cruzar cual tropiezo,
provocar cual crío travieso
la dicha escondida,
el placer furtivo de robarte un beso.

Ver cómo tu bata en tu cuerpo, indiscreta,
rebelde, delata la hasta ahora secreta,

la forma armoniosa que tu figura traza,
tan fina, tan bella que la perfección alcanza.

Trocar mi brazo por su almohada,
besar tus sienes perfumadas,
dejar en tu boca entreabierta
la pasión que en mí despierta,
que me enerva los sentidos,
que te ofrezco hoy aquí, rendidos.

Quiero que mis ojos sean mis manos,
que al posar en ti no sintieras,
y no fueran nunca ni hirientes ni profanos,
que pudieran lograr que me quisieras.

Despertarte con un beso que vehemente
escapara de mis labios
y anidara así en tu frente,
ofreciéndose humildemente,
pleno de nostalgia, ebrio de pasión,
con la mente en el pasado
y en la mano el corazón.

Corazón encadenado a vivir sin más razón
que adorarte mientras viva,
mientras me llega, piadosa,
a tocar a mi portón,
la muerte que, vanidosa,
con alarde de ocasión,
ha de llevarme a la fosa
en sepulcro laminado.

Mas he de rogar una cosa
para llevarte a mi lado,
que arrojen a mi ataúd

esta mi última prosa
que pensando en ti escribí,
y entrelacen en mis manos una rosa
para seguir acordándome de ti.

QUIERO

Te quiero porque eres la razón
que mi alma necesita,
para que afloren en mí
 mis mejores sentimientos.

Te quiero sin egoísmo
altruista y otorgador,
sin miedos y sin medida,
sin más ni menos encima.

Te quiero sin gramática ni palabras,
en un verbo sin conjugar,
más largo que el infinito
que nunca se viera acabar.

Porque quererte es mi doctrina
y bendigo tu nombre en mi rezo cotidiano,
como si me fuera en él la vida,
como la luna a la noche.

Sin lugares ni horarios,
sin fechas en el calendario
porque das alas a mi vuelo
al alentar mis locas fantasías.

Tan ciertas como mis sueños,
tan reales como la vida,
certeras como a la mente
le gusta formar dormida.

Ardientes como las brasas,
calientes como la sangre,
bullidoras e inquietas,
inquietas e irreverentes.

Porque no se someten a mi mente,
como claudico yo a mis intenciones
bajo el yugo inhibidor de tu mirada.

Tan locas haces mis noches,
tan largos haces mis días,
que en lenta procesión de las horas
parecen robarme los días...

NO TE HE PERDIDO

No, no te he perdido,
aun cuando tu cuerpo está lejano
siento que te tengo aquí a mi lado,
oigo tu risa, tomo tu mano,
siento el roce de tu brazo acompasado.

Recuerdo la cadencia de tu paso apresurado,
esa danza que tu cuerpo lleva aunado,
recuerdo las cosas sencillas
que de ti me solían gustar.

Los niños, las aves, mis versos deshojados,
versos que, en tus labios pronunciados,
son melodiosos, como de una fábula arrancados.

No, no te he perdido
mientras existan los caminos
que en mi mente recorrimos,
y recuerde el color de tus vestidos.

Las cosas que nos dijimos,
nuestros lugares preferidos,
siempre que recuerde la canción que tarareabas,
las faldas que te ceñían,
las cosas que de ti amaba.

Y exista aquel lugar,
aquel árbol desgarbado,
testigo de mi amor,
cómplice de un enamorado.

Mientras aquel cielo despejado
pueda albergar bajo su manto
la dulzura de tu voz,
la amargura de mi llanto.

Hoy como ayer estás conmigo,
te sueño en mi vida y te vivo en mi sueño.
Aún conservo en mi vida la esperanza
de ser en tu vida el único dueño.

PASIÓN

¿Qué puedo hacer para callar esta pasión
que surge avasalladora,
que solo desea tu posesión
y repite tu nombre a toda hora?

Dime qué hacer si no estoy en tu destino;
no soy tu pan, no soy tu vino,
solo fui un trago amargo en tu camino.

Si no estoy en tu calendario
ni mi nombre, en tu memoria;
no soy tu recuerdo diario
ni formaré parte de tu historia.

Si no he podido sepultarte en mi pasado,
pues el sabor de tus labios va a mí atado,
si tu aliento cálido y placentero
hoy me ha vuelto de tus besos limosnero.

De esos besos con calor de mil veranos,
que me hicieron el más feliz de los humanos,
y me llevaron a perder la sensatez
en esa extraña mezcla de madura candidez.

Si, al recordar tus manos,
vuelven a mi mente los tiempos ya lejanos,

en que, unidas a las mías, amor se prodigaron,
y en una caricia de sueños se colmaron.

Si nunca te habré de olvidar,
aun cuando nunca te habré de alcanzar;
dar la vida entera por tenerte a mi lado,
por oír de tus labios
que no me has olvidado.

¿Qué hacer si para amarte más
es mi consuelo que Dios conceda mis ilusiones?
Como el ave de dos alas en su vuelo,
en mi pecho albergar dos corazones quiero.

Si para mí no es tu amor,
y no he podido arrancarte de mi memoria,
solo he de pedirte un último favor,
para que alcances de mi ser la gloria.

Déjame tus manos tomar entre las mías,
déjame verme en tus ojos reflejado,
déjame imaginar que una lágrima vertías
al mirar que para siempre me marchaba de tu lado.

DEJA

Esta vez no digas nada,
solo susurra tus «te quiero» aquí, a mi oído,
apenas audible, tan quedamente
que solo yo te escuche.

Pierde por un momento
el control hasta de tu alma,
abandonándote en mis brazos,
respira a mi compás.

Deja mis manos
galopar sobre tu cuerpo,
piensa que todo cuanto te rodea
es un inmenso frío,
y lo único cálido
son mis manos.

Déjalas perderse sobre tu cuerpo
y encontrarse libremente sobre él,
cierra tus ojos y mira en tu sentido
lo que el mío te quiere decir.

Déjame probar la tersura encerrada
en cada palmo de tu piel,
deja que, en tu cuerpo,
yo muerda mi delirio.

Enloquece con mi forma de querer,
porque ahora voy a hacerte por fin mía,
ahora vas a entender
porque te hizo Dios mujer.

Artesano

Te estoy haciendo un collar
con besos que pondré en tu cuello
el día en que te entregues a mí.

Y voy a decir en tu oído
todo un rosario de cosas
que nunca te he podido decir.

Tú te dejarás llevar por mis antojos
y dejarás que mis manos recorran tu cuerpo,
ir y venir, subir y bajar,
tan libremente que podrán encontrarse entre sí.

Mi boca será alegría que muerda tu cuerpo,
y quede de tu boca prendido.

Voy a abandonar en un rincón todas las angustias
que parecen partir mi pecho a cuchilladas;
serán tus palabras consuelo
a la tristeza infinita que hasta entonces me agobiara.

El agrio sabor de la espera
se volverá dulce en tu boca,
y no habrá más poesía
que tu mirada.

Ni más idioma que el silencio…
No más prosa que el calor de tu cuerpo junto al mío;
seré artesano que, con mano suave,
moldee tu aurora.

Y no habrá más poesía que tu cuerpo,
tu aliento mezclándose en el mío,
y no más calor que tu cuerpo junto al mío.

IMAGEN

Quiero que sepas, mujer, que a cada instante
tu recuerdo en mi ser está presente,
que cuanto más miro tu retrato,
más tu imagen de él quisiera desprenderse.

Y, sin poder evitarlo,
de esta imagen cautiva en un papel,
yo vivo preso.

Sé que, para librarme de ella,
será menester que el tiempo
tu imagen del retrato desvanezca,
que en tu rostro la belleza marchitara
y en ti el odio y el ego se vertiera.

Para olvidarte, mujer, es necesario
que en mí no exista la memoria,
que mis ojos, que tu imagen se han grabado,
al igual que tu voz y tu mirada,
se pierdan en las sombras, en la nada.

Mi razón para olvidar será la muerte
que venga a poner fin a mi suerte,
a esta inmensa desdicha de quererte.

DIVAGANDO

Si pudiera, bien mío, poder demostrarte
el inmenso cariño que por ti siento,
la forma loca en que he llegado a amarte,
si sintieras lo que yo por un momento.

Me amarías, pues, de tal forma
que paz no hallarías en súplicas ni rezos,
te entregarías sin temor, medida o norma,
y quedarían tus sentidos a mí presos.

Si al evocar mi imagen,
tus mejillas mil lágrimas perlasen,
y tus noches en tormento se tornasen,
y mirando mis tristezas
quisiera que las tuyas aumentasen,
y en tus sueños mi rostro se insinuase.

Si encontraras en tus propias alegrías
eco exacto de sonrisas mías,
si los celos te embargaran,
mil dudas en tu alma se agolparan.

Si pensaras en mí a cada momento,
y dormir no quisieras
por temor a que mi imagen borrara otro pensamiento
cuando la esencia de tu amor me ofrezcas.

Los días que estás sin mí,
cruel tortura a tu ser martirizara,
si imploraras al cielo que te amara,
y razón no hallaras
para dejar de amar por un momento.

Si repitiendo mi nombre en un lamento,
si esperanza tu pasión alimentara,
e impaciente esperaras mi retorno.

Si al escuchar mi nombre entre la gente
buscaras mi imagen de repente,
y al recordar que yo no estoy presente
la amargura sabor diera a tu esperar sumiso.

Si pensaras en mí como un arpegio,
como pienso en ti, sin más maldades,
pues amarte, para mí, es un privilegio.

Ese día, y solo así, comprenderías
la grandeza de mi amor que te confieso.

Convencida de mi amor
desde entonces,
tú desearías
cobijar este amor que te profeso.

CALLADO (INVITACIÓN)

Amo el timbre de tu voz trémula y fina,
tu amor callado y tu decoro,
que vuelve ante mis ojos más divina
tu imagen que por siempre rememoro.

Mas vuelve tu amor más indiscreto
y ven conmigo a encarar un reto,
gocemos de un amor que está vedado
a quien temerosos del dolor a él no se han dado,
viviendo en sus propios temores enredados.

Censurando sus propios pensamientos,
reprimiendo su sentir y sus afectos,
mustios vuelven su vivir y sentimientos,
que no por eso son más sanos o distintos.

Son bestias con pieles de cordero,
que esperan a su presa agazapados,
a la menor provocación abandonan el sendero,
olvidando aquello que por siempre han amado.

Por eso vuélvete mujer; mi amor te invita
a ser como yo con tu llegada:
un botón de rosa que, quebrada,
bajo el beso de la lluvia resucita.

SUEÑO

Para ti, Rosa, al despertar de un sueño,
de esos que la mente no quisiera recordar,
un sueño en el cual, medidora, fría
y con reservas me tratabas.

Hoy, aquí, desde este, tu lugar,
en esta tu tierra de la mía tan alejada,
desde el amparo mismo de mi lecho,
con la luz mustia de la vieja bombilla
y el consejo sabio de la almohada,
quiero decirte, mi chiquilla,
ahora que tu arma está guardada,

ahora que no tengo enfrente
el fulgor de tu mirada eclipsadora,
quiere decirte mi mente
lo que supe callar en buena hora.

Quiero que entiendas, escuincla subyugante,
que gracia no haces en provocar mi enojo,
y aun cuando nunca me eres arrogante,
terminas siempre por imponer tu antojo.

Mas de mérito carece someter a voluntad,
este carillo que ofrece con orgullo su humildad,

que sin reservas se entrega,
sin más armas por delante
que una fe que en ti es ciega
y un corazón que se confiesa amante.

Ahora bien, puedes tú darte cuenta
que, si humilde ante ti y sin orgullos,
no miro en tu ser maldad ni afrenta
y es por eso mismo el ser tan tuyo.

Si una doble intención hay en tus actos,
y parte de tu ser conmigo juega,
piénsate bien que sean exactos,
o no tengas más al tonto que te ruega.

Pues el rencor que nace con engaño
se vuelve veneno con mentiras,
y será nuestro amor cosa de antaño,
y odio será el cariño que me inspiras.

No sabe tu orgullo claudicar,
y no tendré yo más amor para ofrecerte
(y para olvidarte),
sé que nunca te dejaré de amar
si para olvidarte preciso de la muerte.

Sé que en ti no habría dolor,
soy si acaso un recuerdo lastimoso
de alguien que te amó con gran calor,
pero nunca para ti fue algo valioso.

Para poder tener su corazón,
solo alentaste aquel tonto a que te amara,
para jugar con él sin ocupación,
y su osadía de amarte
cara hiciste que te pagara.

Lo condenaste a gozar con su dolor,
pues hermanó su dolor al recordarte,
para olvidarte no tendrá nunca valor,
y su vida servirá... para adorarte.

De mi sueño; ¡que nunca suceda!

OFRENDA

Te ofrezco mi cariño,
tan humilde en su grandeza
como grande puede ser en su humildad.

Te doy porque te quiero
aquello que me diste confiando en mi franqueza,
tu bien más preciado:
te doy tu libertad.

Mas no busques en este acto
ni tedio ni tristeza,
te amo más que siempre y confío en tu lealtad.

Pues siendo tú la dueña
de tus propios sentimientos,
seguir mi senda eliges,
creyendo en mi verdad.

Mas quiero sigas libre,
que nada te ate a mí
que vueles horizontes ajenos a mi vida,
y veas morir ocasos,
y veas que no soy solo el que puede ser tu sol
si al volver buscas mi camino,
y lo sigues a mi lado
sin queja ni reclamo.

Tornando tu espera y hastío
en sueños y promesas,
que hoy se han realizado,
veré que no me olvidas,
que sigues a mi lado,
sabré que vive, fresca,
la flor de la esperanza
que a tu amparo abandoné.

RECATO

No te pido que decline ante mí tu orgullo
ni que olvides de tu vida convicciones,
ese sentir tan ajeno al tuyo
que recato impone a tus acciones.

Mas cuando se ama no se busca la razón,
se quiere sin permiso, sin recelo,
y no halla la duda ocasión;
se vuelve el sentir sumiso
y congruente, el corazón.

Se olvidan prejuicios y temores;
poco a poco, beso a beso,
la confianza crece,
el sentirla acrecienta los amores,
y la prudencia es un mito que adolece.

Y en fragmento fugaz del tiempo,
se han de acabar los cuerpos,
pero no la pasión.
Se han de encontrar en otro mundo,
para amarse con la misma devoción.

Pues si ha de llevarlos la suerte,
a rendir cuentas al Creador,

ha de saber que su muerte
tuvo motivos de amor.

AMOR AUSTERO

Me aburre tu amor austero
tan lleno de remilgos y complejos.

¿O es que he de conformar mi amor sincero
con solo frases vanas, que no son sino reflejo,
sombras de un amor tan verdadero
que ya no cabe más aquí en mi alma?

Quisiera que tú sepas que yo muero
cuando ahogo en mis labios besos sanos,
y mis caricias quedan en mis manos,
no teniendo tu piel que tanto espero.

Conformado a decir con la mirada
cuánto te amo, prenda amada,
mientras en mí la amargura va quedando.
Solo de endulzarme una miel,
una boca que hoy de nuevo
no he probado.

Mas soy manso río que siempre va a la mar,
que acude a tu llamado,
que siempre te ha de amar,
y conforme me has de ver
ir a tu lado sumiso, resignado.

Enfermo de amor, esperanzado
en proveer la calidez que hay en tu aliento,
ocultando mi sentir, mi sentimiento.

Mas cada hora,
cada día de mi vida que te extraño
se vierte en mí una gota de veneno,
y se vuelve mi sentir aun más huraño,
y va acabando en mí lo poco que hay de bueno.

Y ya no sé más que odiar al cruel destino,
que para hacer mayor mi sufrimiento
luz de estrella dio un momento
a las sombras que acompañan mi camino.

AMOR OROPEL

Era un hermoso gato
de enormes ojos claros,
tersa mano y fina piel;
era un viejo cascabel
que, presa del mal trato,
perdió su brillo de oro
y su vibrante sonido de oropel.

Un mal día, el hermoso lo encontró por su camino,
Y, contento, empezó a jugar con él,
no le importó de dónde vino,
solo quería serle cruel.

Y fue en sus manos juguete
que a capricho manejaba,
en jubiloso al garete
su alegría desbordaba.

El cascabel era feliz
al mirarse de nuevo resonando,
y fue en su mano y su nariz
lo mejor que había llegado.

De arriba a abajo dando vueltas por doquier,
el cascabel iba presto al llamado

de aquel al que había entregado lo mejor de su querer,
no importa si era golpeado,
no importa qué habría de hacer.

Y volvió su brillo de oro
y su vibrante sonido de oropel,
siempre le entregó su tesoro,
siempre por completo le fue fiel.

Mas un día perdió la nota que su sentido halagaba,
recibiendo como pago a su descuido
el desdén punzante con que le miraba,
quedando el cascabel sumido
en las sombras del olvido,
acuñando polvo en un rincón,
esperando en balde la ocasión
de volver a ser sonoro,

esperando a aquel ingrato,
que a pesar de mucho le fue infiel
por perder su brillo de oro
y su vibrante sonido de oropel.

DEFINIR

CORAZÓN

Corazón,
pequeña bolsa muscular del tamaño
de un puño que, al guardar un sentimiento,
crece hasta ocupar el pecho,
el alma y el pensamiento.

DESPERTÓ

Se me despertó la nostalgia
en la ausencia de tus besos;
ahora aquí, en el último trazo de mi pluma,
estoy extrañándote en silencio
y amándote un poco más.

EN MÍ

Te escribo para que sepas
que estás en mí,
en cada letra que aquí miras.

TE MIRO

Te miro y sé
que fiel a tus labios
son mis antojos,
te pienso y sé que fiel
a mi respeto son mis pensamientos, pero…

ANSIOSA

Mi espera es ansiosa,
mi esperanza es eterna,
tal vez nunca llegues,
pero mi alma está abierta y espera…

CAFÉ

Mis palabras se asoman
desde la taza de café,
te miran quietecitas, se arrullan
con alguna canción de *rock*.
Luego frescas, vestidas con nuevas intenciones,
te dicen al oído que te quiero.

MANOS

Préstame tus manos suavecitas
para poner en su hueco
mi corazón.

HORARIO

Tú no tienes ni tiempo ni horario,
está mi sentir empecinado
en convertirte en pensamiento
de tiempo completo.

TANGA

Prenda minúscula
que comienza en la cadera
y termina en el último trazo de la imaginación.

AERÓBICS

Armoniosa sucesión de movimientos sincronizados
que, con derroche de gracia,
elasticidad, voluntad y constancia,
cultivan el cuerpo, fortalecen el espíritu
con música, sudor y disciplina.

VÉRTICE

El amor es el vértice entre
el corazón y el espíritu,
es lo único que el tiempo no borra
y la tierra no cobija.

DÚCTIL

Se sufre, se regocija, se alienta
y se desprecia; todo es consecuencia
de tener un corazón dúctil al sentimiento.

GOTA

Gota de amor,
¿en qué en momento de mi vida te vertiste?
¿De qué mágico elixir te valiste para robarme,
a pedazos, uno a uno, por completo el corazón?

De tarde en tarde, de día en día,
de mes en mes, de siempre en siempre...

TENGO

Tengo sueños que cabalgan a tu lado
e ilusiones que desvelan mis sentidos,
noches de amor que nunca se lograron,
y al despertar siento un aliento ajeno,
una mirada y mis labios mojados,
entumecidos por un beso.

A VER

A ver qué día vienes a mi lado
y decides corresponder a mis antojos,
es muy fácil, ni siquiera tienes
que pintarte los labios.

A ver qué día tus *jeans*
se subordinan a tus convicciones,
y te sales a echar relajo conmigo.

INMORTAL

Eres más que un goce externo,
que una experiencia corporal,
un obsequio para los sentidos,
el cual se percibe en tu presencia.

Eres como un manzano
entre árboles silvestres,
algo que deja constancia de la presencia
aun después de que se ha marchado.

Como un bello cometa
dejas un caudal,
una estrella de fulgor
como aura permanente,
emanando de tu ser tras de tu paso.

Porque tienes valores internos
que cobran vida en tu mirada,
como tu ternura, tu manera,
que toman más valor en tu palabra.

Porque enciendes, inefable, mis anhelos,
y cabalgan tras de ti mis más caras ambiciones,
mis antojos, mis gustos y pretensiones

Que al llegar a ti se mueren
como un sueño al despertar,
como vivencia añorada,
como un algo que la mente
se negara a recordar.

TÍTERE

Soy el perro fiel que acude a tu llamado,
dócil espera tu ordenanza;
bastan las migajas que de tu amor me has entregado
para mantener viva mi esperanza.

Soy el títere que a tu antojo se maneja,
mas no pienses que de mí te ríes,
ni en eso tu dominio en mí confíes;
piensa que tal vez el títere no es lo que refleja.

Como el violín que, tenso de las cuerdas,
no puede soportar más requintadas,
es mi sentir quien pronto me recuerda
que no solo vive de promesas y miradas.

Sé que hoy me encuentro bebiendo de tu mano,
y sé bien que hoy me encuentro a tu merced,
mas si has de volver mis sueños vanos
prefiero desde hoy morir de sed.

Volveré sobre mis pasos
y en mí tus recuerdos se harán viejos,
serás el mejor de mis fracasos,
y mirando hacia atrás recordaré
que te encuentras al ocaso,

al final de un paisaje
que se mira allá a lo lejos.

MUERTE

Llegas, muerte, cuando menos te esperaba,
te posas frente a mi lecho, sobre mi yerto pecho,
y yo que me preguntaba:
«¡¿Cómo serás, mal deseada?!".

¿Serás la muerte Catrina que imaginó Posadas?
¿O la vieja visión de pesadillas,
de huesudas manos y rodillas,
y cuencas vacías como ojos?

De aquel, un día, cuerpo; hoy solo despojos.
Vendrás envuelta en blanco manto,
ante ti ni mañana ni llanto,
tu mueca es de dolo y saña,
blandiendo tu eterna guadaña.

Majestad de los panteones,
de los perros y ratones,
que con lúgubres chillidos
anuncian tu presencia,
tu inevitable existencia.

Ya me ves resignado, esperaba tu llegada,
mas detén un momento tu tarea,
ya que mi senda está trazada,
déjame que en vida vea cómo será mi velorio.

Ese callado jolgorio de golpes de pecho y rezos
que no han de salvar mis huesos
de ser pasto de gusanos,
que sí me han de comer de pies a manos.

Mas han de dar cuenta de mis restos
crucifijos y rosarios que encima lleve puestos.
Di si será mi velorio como fiesta de casorio
de limitados presupuestos.

Fiesta donde vino y café serán mezclados,
festín sin mesa puesta
donde chascarrillos mil serán contados
entre toses y bostezos nunca bien disimulados.

¿Quién irá a esos rosarios
de mil Aves Marías y Credos?
¿A esos tortuosos novenarios
donde ocultar sus propios miedos,
donde ganar indulgencias
y lograr de la Iglesia preferencias?
Mas si nada evita tu llegada,
lo mismo tiene tu visita
quien mora en choza mal formada
o quien lujosa mansión habita.

Mas sí para morir nacimos
y lo que en vida tuvimos
quedará atrás al dar vuelta a la hoja;
si tu llegada despoja de títulos y propiedades,
no nos han de acompañar ni verdad ni falsedades.

Todo habremos de dejar, aun genio y figura
nos habrán de acompañar al llegar a la sepultura.
Natural es nacer como morir
y solo nos queda un consuelo.

Un último favor a Dios hemos de pedir:
en póstuma acción llegar al cielo.
Y es solo entonces cuando comprendemos
que polvo somos...
y en polvo nos convertiremos.

SOBRE EL AUTOR

Juan Miguel Luna nació en la Ciudad de México el 22 de marzo de 1955; fue el segundo hijo de cinco hermanos. No tuvo estudios profesionales, solamente estudió la preparatoria y después se dedicó a trabajar.

Se casó en 1987 y ese mismo año fue diagnosticado con esclerosis múltiple, a los 30 años de edad. Un año después, nació su primera y única hija. La esclerosis múltiple impidió que, eventualmente, siguiera trabajando. Vivió con esta enfermedad casi 27 años.

Su vida no fue fácil, al ser un segundo hijo no deseado, su niñez y adolescencia estuvo llena de violencia. Su gran apoyo siempre fueron sus hermanos. Pese a no ser hijos del mismo padre, entre ellos nunca hicieron distinción y siempre se apoyaron, y Juan Miguel siempre estuvo al pendiente de ellos hasta donde pudo.

Era un hombre bastante creativo; cuando no pudo trabajar más y se pensionó, tuvo que quedarse en la casa, cuidando a su hija y limpiando hasta donde su cuerpo se lo permitia. Sin embargo, siempre hacía sus proyectos, como decorar la casa, hacer aparatos de gimnasio en la casa, enumerar sus casetes y tener en orden su colección. Era bastante ordenado, al punto de la obsesión, y por lo mismo era bastante intolerante.

Esa obsesión no se quedaba ahi: su mente era cada vez más complicada y sus celos eran tan enfermizos que eran demasiado violentos.

Siempre estuvo al pendiente de su hija, su enfermedad no fue un pretexto para no cuidarla. Procuró siempre su salud y educación; su hija siempre tuvo fiestas de cumpleaños, Santa Claus y Reyes Magos, y le regaló muchas flores.

También con su esposa tuvo muchos detalles, aunque su matrimonio se puede catalogar como violento.

Era un hombre misterioso, con muchos recuerdos y sentimientos guardados. Su vida definitivamente hubiese sido muy diferente sin esta enfermedad.

Los últimos años de su vida batalló contra ella y lo hizo hasta donde sus fuerzas se lo permitieron.

Falleció en 2014.

ÍNDICE